白旅游中国

バスに揺られて
自力で天台山

Tabisuru CHINA 005
路線バスでゆく
天台山と紹興郊外
の蘭亭大禹陵

Asia City Guide Production

【白地図】天台山と長江デルタ

CHINA
天台山

【白地図】杭州から天台山

CHINA
天台山

杭州から天台山

【白地図】寧波から天台山

CHINA
天台山

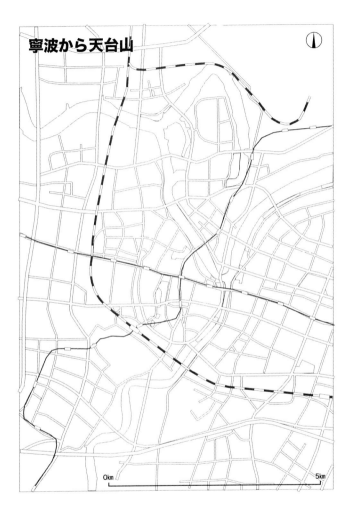

寧波から天台山

【白地図】上海から天台山

CHINA
天台山

上海から天台山

Tiantaishan | 白地図

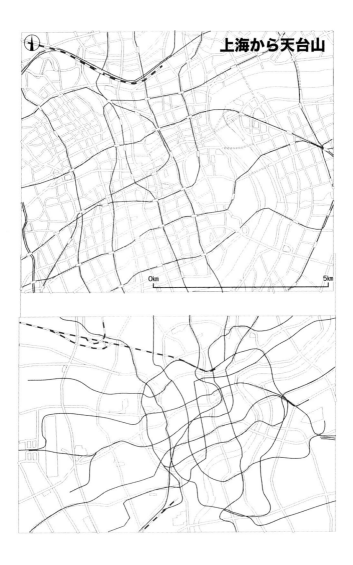

【白地図】天台県と天台山

天台県と天台山

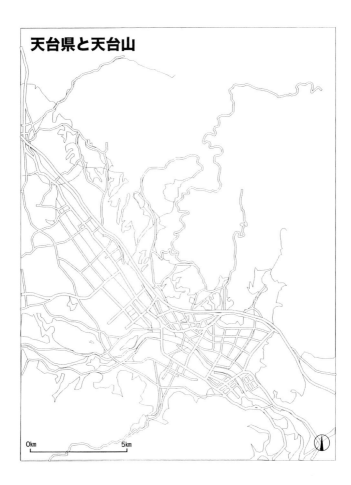

Tiantaishan 白地図

【白地図】天台県中心部

天台県中心部

【白地図】天台バスターミナル

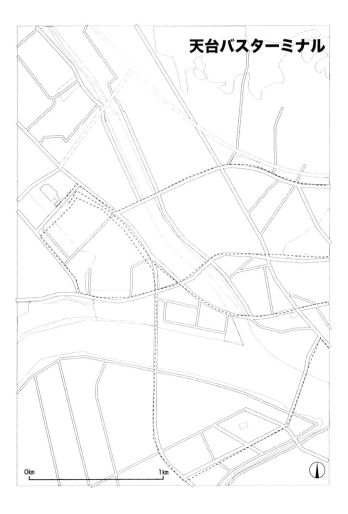

天台バスターミナル

Tiantaishan 白地図

【白地図】天台県バス路線図

CHINA
天台山

【白地図】天台山中

CHINA
天台山

天台山中

【白地図】天台郊外

CHINA
天台山

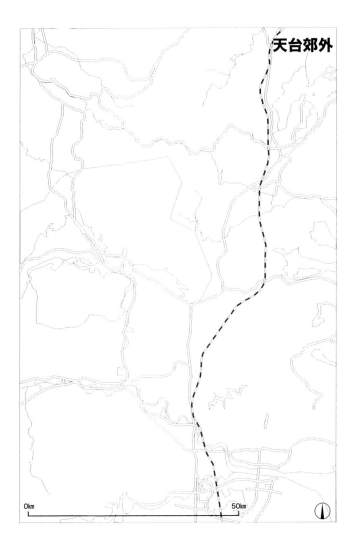

【白地図】臨海（台州）バス路線図

CHINA
天台山

【白地図】臨海（台州）

臨海（台州）

Tiantaishan

白地図

【白地図】紹興

CHINA
天台山

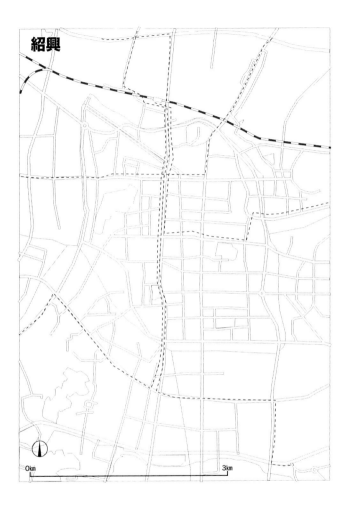

【白地図】紹興バス路線図

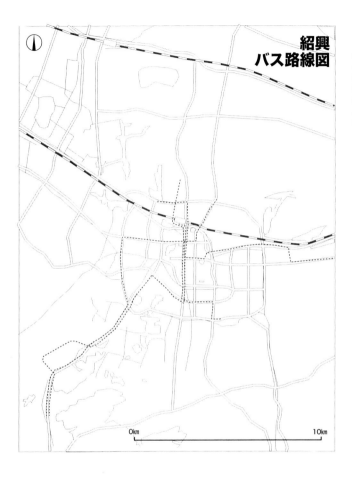

【旅するチャイナ】
001 バスに揺られて「自力で長城」
002 バスに揺られて「自力で石家荘」
003 バスに揺られて「自力で承徳」
004 船に揺られて「自力で普陀山」
005 バスに揺られて「自力で天台山」
006 バスに揺られて「自力で秦皇島」
007 バスに揺られて「自力で張家口」
008 バスに揺られて「自力で邯鄲」
009 バスに揺られて「自力で保定」
010 バスに揺られて「自力で清東陵」

CHINA
天台山

は じめに個人的な話になってしまいますが、私は天台宗の門徒（在家信者）です。子供のころ家族で比叡山延暦寺の僧坊に泊まりに行ったものが、京都（滋賀）のもっとも古い記憶で、以来、仏事には近くの天台宗のお寺のお坊さんに来ていただきましたし、故郷の家からそう遠くないところに書写山圓教寺があり、年に2度はそこへ登っていたものです。

中国天台山は、比叡山や圓教寺の「天台宗 THE 元祖」と言える仏教霊山で、中国浙江省中央東部に位置します。そして、

バスに揺られて
自力で天台山
Tabisuru CHINA 005

　天台山や天台宗と言えば、大体の日本人にとって、とても馴染み深い場所であるのに、「大連」や「蘇州」みたく一筋縄では観光できない場所でもあります。

　というか、こんなに名前が知られて、「行き難し」な観光地は天台山ぐらいでは？　というほどでした。旅人はまず上海に降り立つことでしょう。そして、杭州、寧波から、また上海から天台山までのバスが走っております。それでは天台山への道のりをご案内しましょう。

【自力旅游中国】

Tabisuru CHINA 005 自力で天台山

CHINA
天台山

目次

自力で天台山…………………………………………………xxx

山のいろは天台山……………………………………………xxxiv

自力でゆこう天台山へ ………………………………………lii

天台山中過酷旅できる？……………………………………lxxviii

天台山の観光終えて …………………………………………xciii

昔の台州行ってみよう ………………………………………cviii

臨海から帰ろう………………………………………………cxxiv

つぎ紹興と紹興郊外 …………………………………………cxxviii

路線バスで旅する紹興 ………………………………………cxxxvi

あとがき ………………………………………………………clviii

【MEMO】

山の いろは 天台山

CHINA
天台山

天台山という名前は
「天の台星」からとられました
北斗七星そばに光る台星に応ずる聖地です

天台山は仏教聖地

天台山は浙江省中央東部に位置します。まず、なぜこの地に仏教聖地？ という質問があると思います。「中原に鹿を逐う」の言葉でも知られるように、古代中国の中心は、華北だったのは有名な話です。ところで4世紀、北方の騎馬民族が華北を占領してしまい、漢族は南方へ大量移住します。そして、南京を都とする南朝と華北の北朝がにらみ合いを続ける、そんな時代が4〜6世紀に続きました。天台山は南北朝時代の南朝治下で台頭していくのです。中国では伝統的に神仙思想があり、「不老長寿」の丹薬づくりのため、道士たちが山に

わけ入って薬草や鉱物などを求めていたことから、天台山ももともとは道教の聖地でした。そんなおり、南朝の都南京から天台山へ入山して、この地を拠点に天台宗を大成したのが天台大師智顗（538 〜 597 年）です。

日本人にとってもかけがえのない場所

さて天台大師智顗が生きた時代は、南朝陳から続く隋へと遷ろうころでした。智顗はのちに隋煬帝として即位する晋王広（569 〜 618 年）に「菩薩戒」を授け、また晋王広から「智者大師」の称号を送られています。歳の差は 30 歳ほど違う

CHINA
天台山

のに(智顗のほうがうえです)、親しい仲だったと伝えられます。ところでこの煬帝のもとに607年、ある使節が訪れます。「言わずもがな」かもしれませんが聖徳太子(〜622年)によって派遣された小野妹子ひきいる遣隋使です。以後、国づくりのはじまったばかりの日本は、中国の文化や制度を自国にとり入れるため、遣隋使、遣唐使を派遣します。そして、仏教で国を統治しようとした聖徳太子は、「実は天台大師智顗の師にあたる恵思の生まれ変わりだ」という説も出てきます。こうしたなか、鑑真(688〜763年)は六度目の東征でようやく日本にたどり着きました。そしてこの鑑真が請来し

▲左　寧波南西に位置するバスターミナル、天台への始発は7時前から。
▲右　中距離の旅にそなえて荷物を積みこんでいく

た天台宗経典を日本で読み、天台宗にふれたのが最澄（767〜822年）だというのです。やがて804年、最澄は、遣唐使船に乗って寧波から天台山へと向かいます。そして日本帰国後の806年に比叡山で日本天台宗を開くのです。天台大師智顗、煬帝、聖徳太子、最澄。天台山は、そんな壮大な物語が交錯する日本人にとってかけがえのない場所でもあります。

【MEMO】

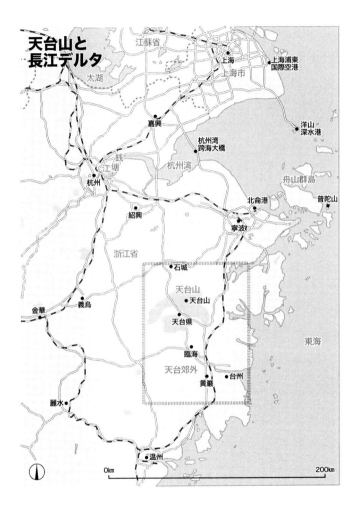

CHINA
天台山

天台山ってどうやって行く？？

前置きが大変長くなってしまいましたが、この天台山へは杭州、寧波といった浙江省北側の街か、上海から行くのが一般的です。ところで、天台山は丘陵地帯にあるため、近くに鉄道は通っていません。中距離バスに乗ることになります。寧波から天台山まで2時間弱ほど、杭州からでは2時間半ほど、充分日帰りできる距離です。今回の旅程では、寧波を拠点に天台山をまわりましたので、実際に路線バスに乗ったのは寧波〜天台県、天台県内、天台県〜臨海（台州）、臨海（台州）内、臨海（台州）〜寧波、ほか杭州、紹興、寧波、上海で、あと

▲左　緑深い天台山、日本人ならば一度は訪れてみたい。　▲右　紅一点が対応してくれる明星窓、杭州バスターミナルにて

は現地のバスターミナルで調査した内容と伝聞をもとにご案内します。また「路線バスで旅しよう」と言いつつも、天台山中へは天台北バスターミナルからタクシーをチャーターしてまわりました（国清寺まで路線バス）。というのは、のちほど詳しく記しますが、天台山中を走る路線バスはあることはあるものの、本数がきわめて少なく、到底、日帰り旅行で利用できるレベルではないからです。そのため、『Tabisuru CHINA 005 自力で「天台山」』ではおもに都市と都市のあいだを路線バスで行く。そして、天台山最大の仏教寺院国清寺まで路線バスで行く方法を紹介します。

CHINA
天台山

【いま杭州［アクセス情報］】

→つぎ天台山

・杭州バスターミナル（杭州客运中心站）

・1時間に1本程度（朝7時〜夜19時）

・所要2時間半〜3時間程度

・60〜80元

・市街北東部の客運中心まで地下鉄1号線。バスターミナルは地下鉄駅「客運中心」を降りて目の前

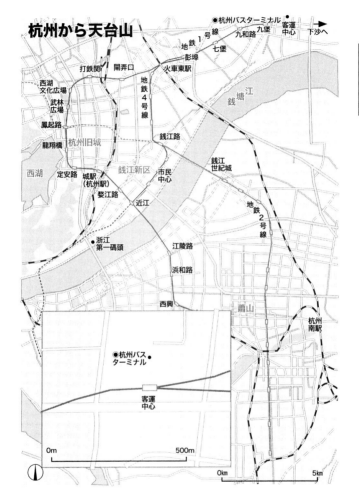

CHINA
天台山

【いま寧波 ［アクセス情報］】

→つぎ天台山

・寧波バスターミナル（宁波客运中心站）

・1〜2時間に1本程度（朝6時55分〜夕方16時25分）

・所要2時間程度

・50元

・市街南西部5 kmの寧波バスターミナル（客運中心）まで、寧波駅南口から505路に乗って終点。もしくはタクシー

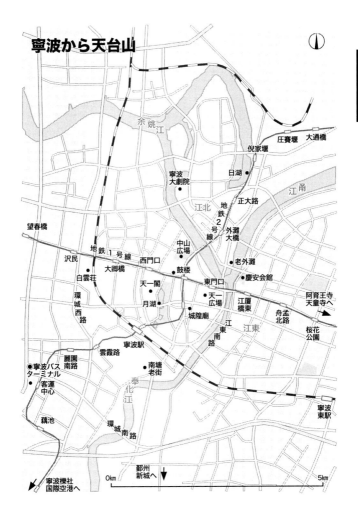

CHINA
天台山

【いま上海 ［アクセス情報］】

→つぎ天台山

・上海駅そばの「滬太路バスターミナル（沪太路客运站）」など複数の場所から出ている

・2～3時間に1本程度（朝8時半～18時）

・所要4時間半～6時間程度

・100～118元

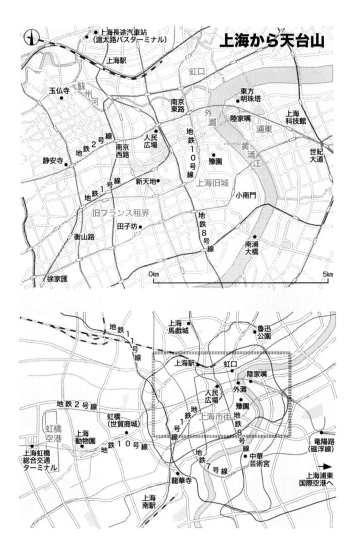

我想去杭州客运中心站

[見せる中国語]
wǒ xiǎng qù háng zhōu
kè yùn zhōng xīn zhàn
ウォシィアンチュウ・
ハァンチョウカアユゥンチョンシンヂャン
私は杭州バスターミナルに行きたい

我想去宁波客运中心站

[見せる中国語]
wǒ xiǎng qù
níng bō kè yùn zhōng xīn zhàn
ウォシィアンチュウ・
ニィンボオカアユゥンチョンシンヂャン
私は寧波バスターミナルに行きたい

我想去沪太路客运站

[見せる中国語]
wǒ xiǎng qù
hù tài lù kè yùn zhàn
ウォシィアンチュウ・
フウタイルウカアユゥンヂャン
私は上海沪太路バスターミナル
に行きたい

我要单程票到天台山（一个人）

[見せる中国語]
wǒ yào dān chéng piào
dào tiān tái shān
ウォヤオ・ダンチャンピャオ・ダオ・
ティエンタイシャン（イイガァレン）
私は天台山までの片道切符がほしい（ひとり分）

自力でゆこう天台山へ

CHINA
天台山

杭州から、寧波から、上海から
中距離バスに乗って
天台山へ向かいましょう

まずは天台県へゆこう

天台山と言っても、天台山という峰があるわけではありません。華頂峰を最高峰（標高 1138m）とするいくつもの峰の総称を天台山といい、その領域は北は「金庭観」、西は「石城山」、東は「王愛山」、南は「赤城山」という超広域に広がっています。伝統的にこれらの山が北門、西門、東門、南門とされてきましたから、ざっと南北 45 km、東西 35 kmほどの領域を天台山と呼ぶようです。そしてこの南門の麓に、天台山へのアクセス・ポイントとなる街「天台県」が位置します。街の名前はもちろん天台山に由来します。天台県にはホテルも、レスト

自力でゆこう天台山へ　Tiantaishan

ランも、繁華街もありますから、ここで数日、宿泊して天台山に巡礼するという手も考えられます。そして、はっきりわけておきたいのですが、天台県と天台山は隣接しているだけで、天台山中の石梁飛瀑や智者塔院といった聖地は、外界（天台県）とは超絶した世界にあるということです。そのためまず、旅人が足がかりとする天台県からご紹介したいと思います。

CHINA
天台山

天台県の歩き方

天台県はそんなに大きな街ではないのですが、旅人的に厄介なのは、街とバスターミナルが離れているということです。天台県に着く杭州や寧波や上海からのバスは、街の西3km、ちょうど高速道路の入口に近い天台バスターミナルこと「天台客運総駅（天台客运总站）」につきます。そして、そこから国清寺や済公故居へ1路、3路、7路などのバスを使って行く感じになります。ちなみに、天台県には大きく4つのポイントがあります。ひとつ目は「天台バスターミナル（天台客運総駅）」、ふたつ目は「済公故居」、3つ目は済公故居か

▲左　堂々とした済公故居。　▲右　天台バスターミナルにて、ここから市街への路線バスに乗る

ら歩いてすぐで、天台山中への足がかりとなる「北バスターミナル（天台客運北駅）」、最後に「国清寺」です。天台山最大の寺院である国清寺は、人びとの暮らす天台山の南麓にあえて建てられたことから、天台県の街の一部だと言っても差し支えないと思います。またいわゆる天台県とは、済公故居を北門（外）に見立て、その南側に広がるエリアで、かつては城壁で囲まれていたのです。

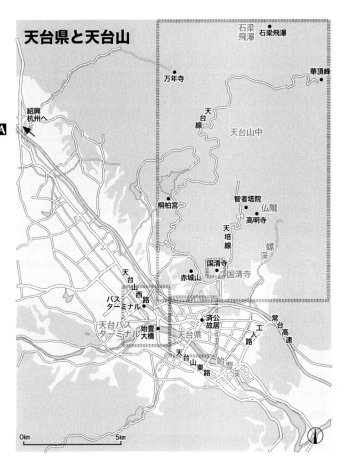

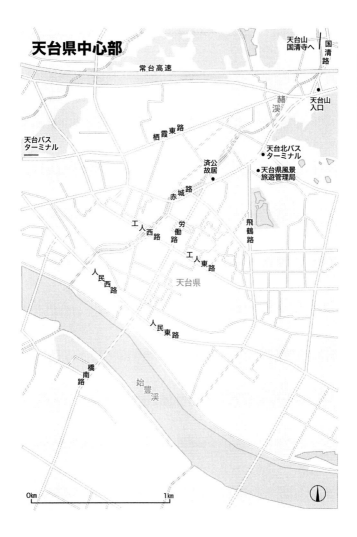

天台山

天台県、路線バスで移動しよう

さて天台県内を路線バスで移動しましょう。走っているバスの種類は多くなく、とてもわかりやすいので、ここはぜひ路線バスに乗ってほしいと思います。次の路線バスが来るまでは大体10〜15分間隔で運行していました。遅くとも20分待てば、次のバスに乗れるはずです。旅人が利用するであろうバスは3路線。天台バスターミナルと北バスターミナルを結ぶ「1路」。そして天台バスターミナルから北バスターミナルを通ってぐるりともとのバスターミナルに戻ってくる「3路(もしくは10路)」。天台バスターミナルと国清寺を結ぶ「7

▲左　国清寺への途上にあるテーマパークのような「佛教城」。　▲右　天台県の中心部、わりと都会？？

路」です。済公故居は北バスターミナルに隣接していることから、両者はほとんど同じと考えてください。そのため、国清寺に行くなら、「7路」。天台山中への足がかりになる北バスターミナルに行くなら「1路」か「3路（もしくは10路）」に乗ろうというところです。

小銭を用意しておこう

北京や上海だけでなく、中国の地方都市でもSuicaのように簡単にバスに乗れてしまうICカードが広がっています。けれども、そこまで長居しない街では、やはり小銭が必要。中

CHINA
天台山

国のバスは基本的に、前方の運転手席から乗って、2元なり、3元を、ホイっホイっと、運賃箱に入れます(か、ICカードをかざす)。そのため、小銭。できればコイン状の小銭をバス用にもっておく必要があります。大きな店で50元〜100元札を出してお釣りをもらう。そして、屋台など小さな店では20元札を出してお釣りをもらうといった工夫してみましょう。大きなお札しかなければ、運転手さんや車掌さんが両替してくれることもありますが、中国の場合、「(小銭を)もっていないほうがマナー違反」となりかねません。

Tiantaishan 自力でゆこう天台山へ

バス停の看板を見よう

今回紹介する天台県、臨海、紹興で乗った路線バスは、いずれも 10 〜 20 分程度の待ち時間で次の便がきましたので、そのぐらいの待ち時間を想定ください。また中国では車は、左座席の運転席、右側通行です。バス停には大体、看板がかかげられていますので、目的地と看板の表記を確認して、「逆方向のバスに乗ってしまった」ということのないようご注意ください。

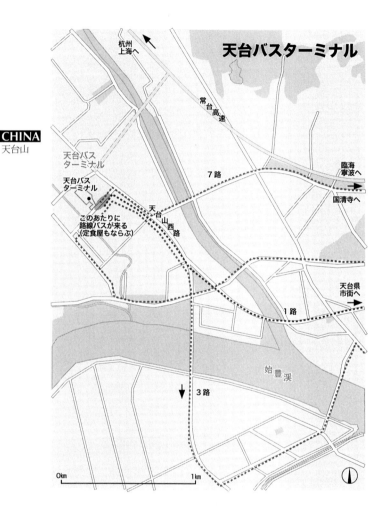

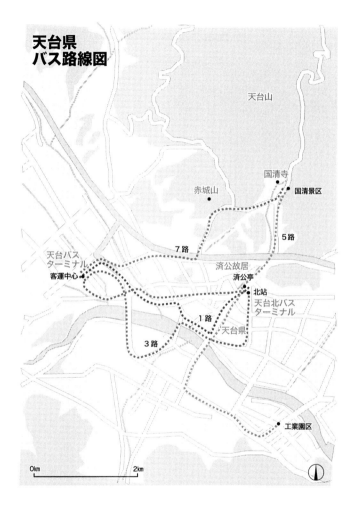

[DATA] **济公故居** 济公故居
jì gōng gù jū ジイゴォングウジュウ

・朝7時半〜夕方17時

・30元

[DATA] **国清寺** 国清寺 **guó qīng sì グゥオチンスウ**

・朝8時〜夕方16時

・10元

・国清景点＋石梁景点あわせて70元のチケットあり

自力でゆこう天台山へ　Tiantaishan

【いま天台バスターミナル（客運中心）[アクセス情報]】

→つぎ済公故居（済公亭）　1路、3路、10路

→つぎ北バスターミナル（北站）　1路（終点）、3路、10路

→つぎ国清寺（国清景区）　7路（終点）

【いま済公故居（済公亭）[アクセス情報]】

→つぎ北バスターミナル（北站）　徒歩5分。1路、3路、5路

→つぎ国清寺（国清景区）　5路（終点）

→つぎ天台バスターミナル（客運中心）　1路（終点）、3路（終点）、10路（終点）

CHINA
天台山

【いま北バスターミナル（北站）[アクセス情報]】

→つぎ国清寺（国清景区）　5路（終点）

→つぎ済公故居（済公亭）　徒歩5分。1路（終点）、3路、5路

→つぎ天台バスターミナル（客運中心）　1路（終点）、3路（終点）、10路（終点）

【いま国清寺（国清景区）[アクセス情報]】

→つぎ天台バスターミナル（客運中心）　7路（終点）

→つぎ北バスターミナル（北站）　5路

→つぎ済公故居（済公亭）　5路

▲左　天台山への入口に立つ碑。　▲右　環状線の3路、安くて便利な路線バス

[DATA] 路線バス 1 路 yāo lù ヤオルウ

・【天台バスターミナル（客運中心）～天台北バスターミナル（北駅）】

・朝6時～夜19時10分（冬は朝6時20分～夜18時40分）、ひと乗り1.5元

・客運中心（客运中心）ー天元広場口（天元广场口）ー公路管理段（公路管理段）ー西演茅（西演茅）ー西演茅路廊（西演茅路廊）ー上清渓加油站（上清溪加油站）ー副食品市場（副食品市场）ー落雁公園（落雁公园）ー西興路口（西兴路口）ー桃源双女（桃源双女）ー城建大楼（城建大楼）ー中医院（中

天台山

医院）ー三井殿（三井殿）ー建設銀行（建设银行）ー工行大楼（工行大楼）ー城関衛生院（城关卫生院）ー銀安信用社（银安信用社）ー人民医院（人民医院）ー済公亭（济公亭）ー北駅（北站）

[DATA] 路線バス 3 路 sān lù サンルウ

・【客運中心～客運中心】

・朝 6 時～夜 19 時 10 分（冬は朝 6 時 20 分～夜 18 時 40 分）、ひと乗り 1.5 元

・客運中心（客运中心）ー玉湖村口（玉湖村口）ー行政中心（行

政中心）―家俱市場（家俱市场）―水南村口（水南村口）―電信局（电信局）―職業中専（职业中专）―三橋（三桥）―梨園菜場（梨园菜场）―中医院（中医院）―三井殿（三井殿）―建設銀行（建设银行）―影劇院（影剧院）―逸歩路口（逸步路口）―妙山医院（妙山医院）―交通大楼（交通大楼）―東門口（东门口）―飛鶴菜場（飞鹤菜场）―石油公司（石油公司）―外国語学校（外国语学校）―天台山藝苑（天台山艺苑）―北站（北站）―済公亭（济公亭）―石梁湾公園（石梁湾公园）―石梁酒業（石梁酒业）―中心菜場（中心菜场）―煙草大楼（烟草大楼）―公安大楼（公安大楼）―桃源双女（桃源双女）―

落雁公園（落雁公园）ー副食品市場（副食品市场）ー行政中心（行政中心）ー玉湖村口（玉湖村口）ー客運中心（客运中心）

[DATA] 路線バス5路 Wǔ lù ウウルウ

・【工業園区～国清景区】

・朝6時～夜19時10分（冬は朝6時20分～夜18時40分）、ひと乗り1.5元

・工業園区（工业园区）ー下王邱（下王邱）ー茇園（茇园）ー横山小学（横山小学）ー県看守所（县看守所）ー天台鋼網廠（天台钢网厂）ー下園徐（下园徐）ー下余（下余）ー橋南停車場（桥

南停车场)－教師進修学校（教师进修学校）－体育場路口（体育场路口）－工行大楼（工行大楼）－城関衛生院（城关卫生院）－人民医院（人民医院）－済公亭（济公亭）－北駅（北站）－糧友橋（粮友桥）－下松門（下松门）－明豊公司（明丰公司）－天台山仏教城（天台山佛教城）－天台博物館（天台博物馆）－国清景区（国清景区）

[DATA] 路線バス7路 Qī lù チイルウ

・【客運中心～国清景区】

・朝6時～夜19時10分（冬は朝6時20分～夜18時40分）、

天台山

ひと乗り 1.5 元

・客運中心（客运中心）ー西演茅（西演茅）ー天都花園（天都花园）ー桃源花苑（桃源花苑）ー園丁花苑（园丁花苑）ー施庵橋（施庵桥）ー桃源双女（桃源双女）ー公安大楼（公安大楼）ー煙草大楼（烟草大楼）ー人力市場（人力市场）ー赤城中学（赤城中学）ー墙頭曹（墙头曹）ー九九回帰林（九九回归林）ー赤城賓館（赤城宾馆）ー西塘（西塘）ー天皇公司（天皇公司）ー国清景区（国清景区）

【MEMO】

我想去天台客运总站

[見せる中国語]
wǒ xiǎng qù tiān tái kè yùn zǒng zhàn
ウォシィアンチュウ・ティエンタイカアユゥンチョンチャァン
私は天台バスターミナル（天台客運総駅）に行きたい

我想去济公故居

[見せる中国語]
wǒ xiǎng qù jì gōng gù jū
ウォシィアンチュウ・
ジイゴォングウジュウ
私は済公故居に行きたい

我想去天台客运北站

[見せる中国語]
wǒ xiǎng qù tiān tái kè yùn běi zhàn
ウォシィアンチュウ・ティエンタイカア
ユゥンベイチャァン
私は北バスターミナル
（天台客運北駅）に行きたい

我想去国清寺

[見せる中国語]
wǒ xiǎng qù guó qīng sì
ウォシィアンチュウ・グゥオチンスウ
私は国清寺に行きたい

天台山中過酷旅できる？

天台山中の道は険しく行き難し
タクシーをチャーターして
まわるのもひとつの手

天台山中へGO！！

さて続いて、天台山中編です。上述しました通り、天台山中へは路線バスを利用せず、タクシーを使いました。そのため国清寺〜天台山中間は路線バスでの情報ではありませんが、自分が知り得た情報を記していこうと思います。石梁飛瀑、智者塔院、高明寺を路線バスと徒歩でまわるのは不可能ではありません。けれども、2015年時点ではきわめて難しい、難易度特Aの旅になると思われます。そのため、天台山中への旅は、タクシー・チャーターをおすすめします。

まずは天台北バスターミナルへ行ってみよう

国清寺ふくめ、天台山中方面への基点となるのが、天台北バスターミナルです。済公故居から歩いていけます。とりあえず、この北バスターミナルで路線バスの切符を買おうとしたところ、衝撃的な時刻表が見受けられました。石梁や華頂峰方面へのバスは、あるものの、各方面「早上・中午・下午」と表示されています。早朝・午前・午後というほどの意味でしょうか？　しかもすべてが定期便というわけではありません。それぞれひとつ、多くてふたつ、1日に3本ほどずつしか便がないのです。そして石梁線は午後15時ごろには便が

CHINA
天台山

なくなるということを肝に命じておく必要があります。石梁などからの帰りはとくにご注意ください。

絶望していると・・・

時刻表の前で呆然と立ち尽くし、しばらくして北バスターミナルを出た瞬間です。前方から、車のカギをふりまわしながら、男性がやってきます。おそらく多くの旅人が、この北バスターミナルまでやってきたはいいが、そのアクセスの悪さに辟易する。そんなことを見越しているドライバーが待機していたのです。ホテルが満員だったときなどもそうですが、

Tiantaishan 天台山中過酷旅できる？

こういうとき、都合よく、次の手が打てるのは中国ならではだと思います（必ず、余白の部分があるのですよね）。ここで天台山中の行きたい場所を交渉したのですが、あらかじめ、しっかりと旅行会社に頼むのが得策だと思います。ちなみに北バスターミナルのすぐそばに天台県風景旅遊管理局が位置しますので記しておきます。

[DATA] 天台山中旅行の手がかり
・天台県風景旅遊管理局（天台县风景旅游管理局）
・http://www.zjtts.com.cn/

CHINA
天台山

・天台北バスターミナルのすぐそばに位置
・タクシーなども紹介（行く場所を提示し、半日200元、1日で300元ぐらいで交渉）

天台山中の構成

まず天台山中への道を把握しましょう。天台山中には大きくわけてふたつの観光エリアがあります。ひとつは国清寺から智者塔院、高明寺などをふくむ「国清景点」です(山の南東側)。そしてこれらの景区へは、赭渓をさかのぼっていくことになるのですが、その道を「天培線」と言います。それからもう

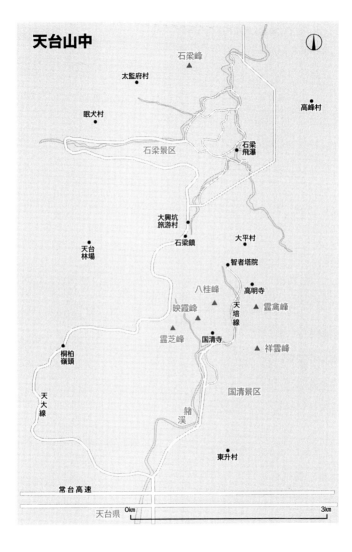

天台山中過酷旅できる？

CHINA
天台山

ひとつの景区です。天台山のさらに奥、石梁飛瀑のある「石梁景点」です。この石梁景点へは、天台県から西側の道教聖地、桐柏宮を通って、山奥へ行くというイメージです。そして天台県から石梁景点へいたる道を「天大線」と言います。一応、両者の景区を直接結ぶ道もありますが、そこを自由に旅しようとなると、やはりタクシーのチャーターが必要になってきます。

Tiantaishan 天台山中過酷旅できる？

▲左　北バスターミナルで見た時刻表・・・。　▲右　路肩にバスがならぶ、天台山中にて

で、実際どんな感じ？？

中国の口コミサイトなどにも、智者塔院への行きかたなどが掲載されていまして、石梁行きの途中で降りるとあります。ところで、これは非常に乱暴な言いかたになります。というのはもしそのバスが、「天大線」経由石梁行きであれば、智者塔院のそばを通らないからです。また智者塔院は「天培線」のすぐ脇に立っているというわけではありません。智者塔院に行くためには、「天培線」で車を停めてそこから智者塔院へ通じる山道をのぼっていきます。もちろん車を降りた地点から智者塔院は見えませんから、「そこに智者塔院があ

CHINA
天台山

る」と知っている誰かがいない限り、そこが智者塔院へ通じる山道だ。ということすらわからずに通り過ぎてしまうことでしょう。調査時点では大きな看板などはなかったですが、中国人ツアー客のバスが複数停まっていました。

絶対下山しよう

おそらく今後、こうした事態は変わり、天台山中の観光地化が進んでいくのでは？　と希望的観測をもっていますが、2015年時点では、上記の事情から天台山中へはタクシーのチャーターをおすすめします。交通量が多い場所ならまだし

も、もしも帰りの天台県へ向かう「下午（午後）」のバスを乗り過ごしてしまったら、山中でひとりぼっちとなってしまうからです。

[DATA] **石梁飛瀑** 石梁飞瀑
shí liáng fēi pù シイリィアンフエイプウ

・朝8時〜夕方16時
・60元
・国清景点＋石梁景点あわせて70元のチケットあり

天台山

[DATA] **智者塔院** 智者塔院
zhì zhě tǎ yuàn チイチャアタアユゥエン

・日の出から日没

・調査時点では無料（免費）、ただし2～5元程度という情報もあり

[DATA] **高明寺** 高明寺 **gāo míng sì ガオミンスウ**

・日の出から日没

・10元

[見せる中国語]
wǒ xiǎng qù shí liáng fēi pù
ウォシィアンチュウ・
シイリィアンフエイプウ
私は石梁飛瀑に行きたい

我想去
石梁飞瀑

[見せる中国語]
wǒ xiǎng qù zhìzhě tǎ yuàn
ウォシィアンチュウ・
チイチャアタアユゥエン
私は智者塔院に行きたい

我想去
智者塔院

[見せる中国語]
wǒ xiǎng qù gāo míng sì
ウォシィアンチュウ・ガオミンスウ
私は高明寺に行きたい

我想去
高明寺

【MEMO】

CHINA
天台山

天台山の観光終えて

天台山観光を終えたら次のポイント
せっかくだから
もう一足伸ばしてみましょう

天台山を漫喫！　そして

天台山を観光したあと、杭州、寧波、上海などへ帰らなくてはなりません。ポイントは天台山からこれらの都市への「バスの最終は15時ごろ」ということです。もしも、最終便に乗れなかった場合、天台県でもう1泊ということになりかねませんから、「天台山観光ではおしりを常に気にかけておく」ことが必要になります。ただし、天台県はそんなにちっさな街ではありませんから、外国人ホテルも何軒かあります。

天台山

ところで

ところで、比叡山の日本天台宗にとって、天台山ともうひとつ祖庭と言える場所があるのをご存知でしょうか？ 天台宗という名称から、天台山が日本天台宗の発祥の地だと思いがちですが、最澄（767〜822年）が中国天台宗第七祖道邃から菩薩戒を受けたのは、天台山ではなく「台州龍興寺において」です。少しややこしいのですが、最澄は中国から「円・密・禅・戒」の四宗を日本に伝え、そのうち「禅・戒」を天台山で、「密」を越州（紹興）で、そして「円（天台宗）」を台州で学んだのでした。そのため、台州もまた天台山とならんで、

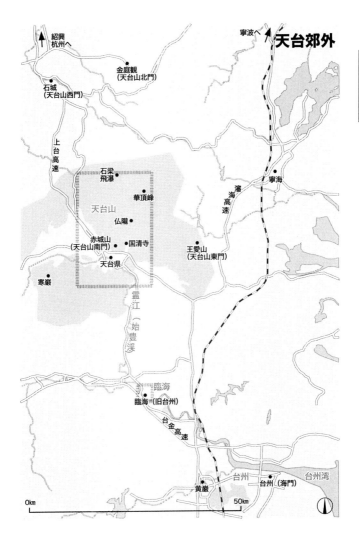

天台山の観光終えて

CHINA
天台山

日本天台宗の祖庭と言える場所なのです。

台州って・・・

さらに混乱する話になってしまいますが、最澄が菩薩戒を受けた台州は、現在の浙江省台州とは異なります。台州は唐の時代からこのあたりの行政府がおかれていた場所で、「現在の臨海が長年、台州」と呼ばれてきました。そして、20世紀末以降の改革開放で立地の優れた沿岸部の地域（旧称海門）が新たに「台州」と名乗ったために、「台州？？？」とこんがらがってくることになったのです。そのため、基本、旅人

▲左　天台県も発展を続けている。　▲右　山の尾根上を歩いて行く、天台山中にて

にとっては「台州とは臨海のことである（台州＝臨海）」と考えてください。一方、ビジネスマンにとっては、「台州＝かつての海門こと現在の台州」です。バスターミナルでは、「新しい台州（旧海門）」のことを椒江、「新しい台州（旧海門）」南側を路橋、「新しい台州（旧海門）」西側を黄巌と、複数の行き先があることを記しておきたいと思います。

天台山

【いま天台県 [アクセス情報]】

→臨海　天台バスターミナル（客運中心）から

→台州（椒江・路橋・黄巌）　天台バスターミナル（客運中心）から

→杭州　天台バスターミナル（客運中心）から

→寧波　天台バスターミナル（客運中心）から

→上海　天台バスターミナル（客運中心）から

天台山の観光終えて

▲左　時間があったらぜひとも足を運びたい臨海。　▲右　天台バスターミナルには腹ごしらえできる料理店がずらり

［DATA］天台県から臨海へ

・天台バスターミナル（客運中心）

・20〜30分に1本程度（朝6時35分〜夕方17時20分）

・所要1時間程度

・15元

［DATA］天台県から台州椒江へ

・天台バスターミナル（客運中心）

・1時間に1本程度（朝6時40分〜夕方16時40分）

・所要2時間程度・33元

天台山

[DATA] 天台県から台州路橋（汽車客運南駅）へ

・天台バスターミナル（客運中心）

・40分〜1時間に1本程度（朝7時20分〜夕方17時）

・所要2時間程度

・33元

[DATA] 天台県から台州黄巌（汽車客運西駅）へ

・天台バスターミナル（客運中心）

・3時間に1本程度（朝7時50分〜昼15時20分）

・所要1時間半程度・27元

Tiantaishan 天台山の観光終えて

［DATA］天台県から杭州へ

・天台バスターミナル（客運中心）

・1時間〜2時間に1本程度（朝7時10分〜昼15時10分）

・所要3時間程度

・80元

［DATA］天台県から寧波へ

・天台バスターミナル（客運中心）

・1時間〜2時間に1本程度（朝6時40分〜夕方16時）

・所要2時間程度・52元

CHINA
天台山

[DATA] 天台県から上海へ

・天台バスターミナル（客運中心）

・2時間に1本程度（朝7時10分～夕方18時半）

・所要4時間半～6時間程度

・100～118元

【MEMO】

Tiantaishan 天台山の観光終えて

我想去临海

[見せる中国語]
wǒ xiǎng qù lín hǎi
ウォシィアンチュウ・リィンハァイ
私は臨海（台州）に行きたい

我想去杭州

[見せる中国語]
wǒ xiǎng qù háng zhōu
ウォシィアンチュウ・
ハァンチョウ
私は杭州に行きたい

我想去
宁波

[見せる中国語]
wǒ xiǎng qù níng bō
ウォシィアンチュウ・
ニィンボオ
私は寧波に行きたい

我想去
上海

[見せる中国語]
wǒ xiǎng qù shàng hǎi
ウォシィアンチュウ・
シャンハイ
私は上海に行きたい

昔の台州行ってみよう

CHINA
天台山

遣唐使として海を渡った最澄が
菩薩戒を受けた台州
今は臨海と呼ばれています

ぜひ訪れたい台州

実は、天台山への旅で、最高におすすめ。浙江省のなかでもとても素敵な街！！ というのが臨海（台州）でした。なにがおすすめ？ もちろん最澄ゆかりの龍興寺があることもそうですが、「山の観光地」天台山に対して、臨海（台州）は明清時代またそれ以前の面影を伝える古都だからです。乱暴な言い方をしてしまえば、天台山が比叡山にあたるのに対して、臨海（台州）は京都にあたる。と言えばわかりやすいでしょうか？ そのためせっかく天台山を訪れるなら、臨海（台州）までぜひ足を運んでいただきたいのです。天台県の天台

Tiantaishan　昔の台州行ってみよう

バスターミナルから臨海（台州）までは、20〜30分に1本バスが出ていて、1時間もすれば到着します。

あらためて臨海（台州）って

臨海（台州）には「江南長城」と呼ばれる城壁が残っています。街の周囲にはりめぐらされた明清時代（あるいはもっと古い）の城壁がかなり綺麗に残っていて、その城壁が街の北側の北固山では「万里の長城」のように走るからこう呼ばれているのです。そして、もうひとつは紫陽古街です。古くから臨海（台州）の中心街だったところで、細い路地にずらりと趣ある民

CHINA
天台山

居と露店がならんでいます。ふと気づいたら、浙江省沿岸部とは異なる木造建築があちらこちらに見られます。ここは浙江省でも木材豊富な丘陵地帯。「海への拠点」という浙江省の性格とはまるで違う、質素で静かな感じの街並みが続くのです。くわえて最澄ゆかりの龍興寺もありますから、楽しみかたによっては天台山まるごと、と同じぐらいの満足度が味わえると思います。

Tiantaishan 昔の台州行ってみよう

臨海（台州）の街歩き

唐代からあった臨海（台州）の街は、霊江に沿うようにしてつくられています。そしてその南門近くに龍興寺があって、そこから南北に紫陽古街が走っています。この臨海旧城の北側が北固山です。街の南端から北端まで歩いても30分程度。ヒューマンスケールな街となっています。この臨海（台州）旧城の東側に臨海新市街ができていまして、ちょうど東湖と崇和門広場がその境にあたります。臨海のバスターミナルは新市街側にあり、臨海（台州）旧城までは歩くにはちょっと遠い距離です。そのため、臨海バスターミナルから臨海（台

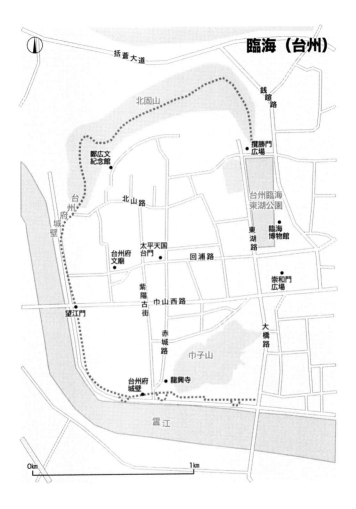

州)旧城まで路線バスに乗ってみましょう。乗る路線バスは208路か209路。臨海バスターミナルと臨海(台州)旧城を結ぶ環状線となっています。208路は臨海(台州)旧城の中心部方面、209路は臨海(台州)旧城北側方面を巡行していますので路線図でチェックしてください。

[DATA] 龍興寺 龙兴寺 lóng xìng sì ロォンシンスウ
・日の出から日没まで
・無料(免費)

[DATA] **紫陽古街** 紫阳古街 zǐ yáng gǔ jiē ズゥヤングゥジエ

・1日中

・無料（免費）

[DATA] **台州府城壁（江南長城）** 台州府城墙
tái zhōu fǔ chéng qiáng タァイチョウフウチャンチィアン

・朝6時〜夕方18時

・65元（台州府城壁のみで65元。街の北側の江南長城と東湖、紫陽古街がセットになったチケットは70元）

天台山

[DATA] 路線バス208路（临海208路环线）
Èr líng bā lù アアリンバアルウ

・【新客駅～新客駅】

・ひと乗り2元

・新客駅（新客站）ー東方百貨（东方百货）ー二橋（二桥）ー巾山実験小学（巾山实验小学）ー巡特警大隊（巡特警大队）ー市区交警中隊（市区交警中队）ー水果市場（水果市场）ー繡服城（绣服城）ー鹿統菜場（鹿统菜场）ー小商品城（小商品城）ー東湖公園（东湖公园）ー国貿賓館（国贸宾馆）ー鹿統菜場（鹿统菜场）ー繡服城（绣服城）ー水果市場（水果市场）ー

市区交警中隊（市区交警中队）ー巡特警大隊（巡特警大队）ー巾山実験小学（巾山实验小学）ー二橋（二桥）ー東方百貨（东方百货）ー新客（新客）

・新客駅と客運中心は同じ場所にあるバス停

［DATA］路線バス 209 路 Èr líng jiǔ lù アアリンジョウルウ

・【客運中心〜客運中心】

・ひと乗り 2 元

・客運中心（客运中心）ー栢葉路口（柏叶路口）ー台州府路口（台州府路口）ー小商品城（小商品城）ー古城辦事処（古

CHINA
天台山

城办事处）―高聯高中（高联高中）―長城攬勝門（长城揽胜門）―台州中学（台州中学）―哲商小学（哲商小学）―台州賓館（台州宾馆）―燿達商場（耀达商场）―華僑賓館（华侨宾馆）―湖濱小学（湖滨小学）―広場路（广场路）―新江路口（新江路口）―巾山小区（巾山小区）―婦幼保健院（妇幼保健院）―栢葉路口（柏叶路口）―客運中心（客运中心）

現地調査時点との相違点

最後に現地調査時点と、2015年3月時点で発表されている情報との相違点を記しておきます。現地で調査した時点では、

▲左　たしかに龍興寺まで208路が走っていたが・・・。　▲右　紫陽古街の露店

龍興寺（龙兴寺）の目の前に208路のバス停がありました。たしか赤城路です。写真でも確認できるように、龍興寺の黄色い外壁と路線バス208路の文字が見えます（客運中心と旧城を往復する性格は同じでした）。そのため、調査時点でバスに乗ったバスのルートと掲載したバス路線図には相違があります。今回の『Tabisuru CHINA 005 自力で「天台山」』では、208路に乗っても209路に乗っても大丈夫なように、崇和門広場を基点にする案内にしました。もしも最新情報が確認できましたらご一報いただければと思います。

我想去龙兴寺

[見せる中国語]
wǒ xiǎng qù lóng xìng sì
ウォシィアンチュウ・
ロォンシンスウ
私は龍興寺に行きたい

我想去
紫阳古街

[見せる中国語]
wǒ xiǎng qù zǐ yáng gǔ jiē
ウォシィアンチュウ・
ズウヤングゥジエ
私は紫陽古街に行きたい

我想去
台州府城墙

[見せる中国語]
wǒ xiǎng qù tái zhōu fǔ chéng qiáng
ウォシィアンチュウ・
タァイチョウフウチャンチィアン
私は台州府城壁(江南長城)に行きたい

我想去临海客运中心

[見せる中国語]
wǒ xiǎng qù lín hǎi kè yùn zhōng xīn
ウォシィアンチュウ・
リィンハァイカアユゥンチョンシン
私は臨海バスターミナル
(臨海客運中心) に行きたい

臨海から帰ろう

CHINA 天台山

さて臨海から帰りましょう
杭州、寧波、上海
バスのなかではぐったり

【いま臨海（台州）[アクセス情報]】

→天台県へ　臨海バスターミナル（臨海客運中心）から

→寧波へ　臨海バスターミナル（臨海客運中心）から

→杭州へ　臨海バスターミナル（臨海客運中心）から

→上海へ　臨海バスターミナル（臨海客運中心）から

[DATA] 臨海から杭州へ

・30分～1時間に1本程度（朝6時半～夕方18時）

・所要3～3時間半程度

・100元程度

［DATA］臨海から寧波へ

・30 分～ 1 時間に 1 本程度（朝 6 時半～夕方 17 時半）

・所要 1 時間半～ 2 時間程度

・55 元

［DATA］臨海から上海へ

・1 日数本（朝 7 時 20 分～夜 20 時）

・所要 5 時間～ 6 時間半程度

・160 元

天台山

[DATA] 臨海から天台県へ

・20 〜 30 分に 1 本程度（朝 6 時 35 〜夕方 17 時 20 分）

・所要 1 時間程度

・15 元

つぎ
紹興と
紹興郊外

CHINA
天台山

浙江省を代表する古都の紹興
路線バスで行くと大変得する
郊外の見どころを紹介します

紹興酒のふるさと紹興行こう

ついでというわけではありませんが、あの魯迅(1881〜1936年)が生まれた紹興をご案内します。紹興は浙江省でもっとも由緒正しい、2500年に渡る伝統をもった古都です。かつては日本僧の成尋（1011〜81年）が記録を残しているように、天台山へ向かうにはこの紹興から南へ伸びる街道を使うのが一般的だったようです。現在では高速道路の関係などから、天台山へは杭州か、寧波から向かう便が多いようです（紹興〜天台山を結ぶ便もあるものの、本数は少ないです）。ともかく、成尋つながり、というわけではありませんが、自動車登場以前、天台

山への足がかりとなっていた紹興をご案内したいと思います。

紹興の玄関口

紹興の玄関口は、大きくわけてふたつあります。鉄道の紹興駅（火車駅）と、バスの紹興バスターミナル（客運中心）です。おもに上海からなど長距離で鉄道を使い、浙江省内など短・中距離でバスを使うのが一般的でしょうか？　天台バスターミナルで調査したところ、天台県から紹興へは1日数本、51元ということでした。紹興バスターミナルは、鉄道駅よりもさらに北側にありますので地図でご確認ください。また鉄道

の紹興駅前には、ほとんど同じ場所であるにも関わらず、水木清華(＝ほぼ紹興駅)など呼びかたの異なるバス停が集まっているので要注意です。路線バスが集まるため、紹興駅から歩いてすぐのバス停が多いのです。

紹興の見どころ

紹興はかんたんに言うと、魯迅故里を中心とする市街部、そして蘭亭、大禹陵、東湖という紹興郊外に見どころが点在します。そして市街部では、人力車も走っていて、ひと乗り5〜10元ほどでしたので、とっても観光に便利です。また烏

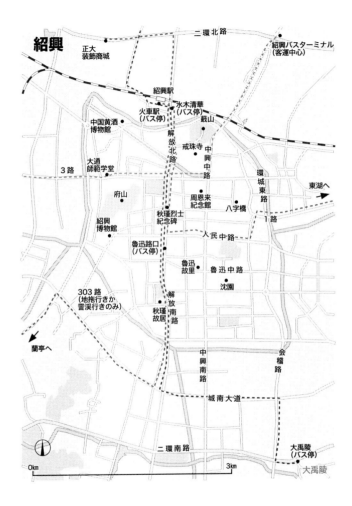

CHINA
天台山

蓬船（黒蓬船）という紹興独特の手と足で漕ぐ船でも知られますよね。レンタサイクルも充実しているようです。で、観光地への起点になるバス路線が集まるのが鉄道の紹興駅です。簡単に言うと、東湖行きが「1路」、大禹陵行きが「2路」、蘭亭行きが「3路（游3路）」です。紹興を代表する郊外の3つの観光地に、実にわかりやすい3つの路線バスが走っています。ところが、紹興の路線バスを利用するにあたって厄介なのは、これら郊外の3つの観光地からダイレクトに次の観光地に行けないところです。郊外のひとつの観光地を観たならば、一度、紹興市街へまた帰ってこないといけないのです。

▲左　紹興駅、この周囲にはいくつもバス停が位置する。　▲右　郊外の蘭亭までの道のりで

少しの時短ワザ

東と南東と南西の3か所にある紹興郊外の観光地。ひとつ見て紹興市街に帰ってきて、また郊外へ路線バスへ出ていく。紹興では、そんなことを繰り返さなくてはなりません。しかし、南東（大禹陵）と南西（蘭亭）に関しては少しだけ時短ワザが使えます。2路を使う大禹陵と3路を使う蘭亭が重なって走る市街南部で乗り換えてしまえばよいのです。今回のアクセス情報では、迷わずに旅できることを第一に考えていますので、大禹陵と蘭亭の乗り換えバス停は、魯迅故里の位置する「魯迅路口」とさせていただきました。実はこの旅の調

CHINA
天台山

査にあたって、蘭亭を先に行って、そこからワープ的に大禹陵へのタクシーチャーターを蘭亭で試みたのです。声をかけたのは浙江大学の学生さん。「もしよければあいのりで、大禹陵へ行きませんか？」と。びっくりしたことにこの学生さんは、日本語ペラペラでした。そして、「（白タクに乗るのは）危険です」「それにすぐにバスはやってきます」。そう言って魯迅路口で乗り換える方法を教えてくれたのでした。実際、バスはすぐに来ましたし、大禹陵は魯迅路口からさほど遠くないため、ストレスなく旅ができてしまったのでした。

【MEMO】

路線バスで旅する紹興

CHINA
天台山

魅力的だけど
全然別方向にある紹興の観光地
紹興ほど路線バスが生きる街はないかも

[DATA] 魯迅故里 鲁迅故里 lǔ xùn gù lǐ ルウシュングウリイ

・朝8時半〜夕方17時（入場16時半まで）
・無料（免費）

[DATA] 蘭亭 兰亭 lán tíng ランティン

・朝8時〜夕方17時（入場16時半まで）
・40元
・蘭亭・大禹陵・東湖その他の見どころあわせて140元のチケットあり

Tiantaishan | 路線バスで旅する紹興

[DATA] **大禹陵** 大禹陵 dà yǔ líng **ダアユウリン**

・朝 8 時〜夕方 17 時（入場 16 時半まで）

・50 元

・蘭亭・大禹陵・東湖その他の見どころあわせて 140 元のチケットあり

[DATA] **東湖** 东湖 dōng hú **ドォンフウ**

・朝 8 時〜夕方 17 時（入場 16 時半まで）

・40 元

・蘭亭・大禹陵・東湖その他の見どころあわせて 140 元のチケットあり

天台山

【いま紹興駅（火車駅）[アクセス情報]】

→つぎ魯迅故里（魯迅路口）2路、4路

→つぎ蘭亭（蘭亭風景区）303路

→つぎ大禹陵（大禹陵） 2路（終点）

→つぎ東湖（東湖風景区） 1路

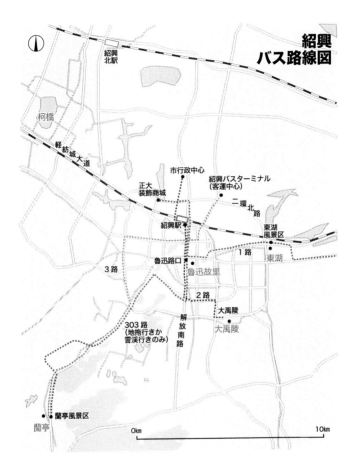

紹興
バス路線図

Tiantaishan | 路線バスで旅する紹興

天台山

【いま魯迅故里（魯迅路口）[アクセス情報]】

→つぎ蘭亭（蘭亭風景区）　303路

→つぎ大禹陵（大禹陵）　2路（終点）

→つぎ紹興バスターミナル（客運中心）　32路

→つぎ紹興駅（火車駅）　2路、4路

→つぎ東湖（東湖風景区）　2路、4路で火車駅へ行き1路に乗り換え

【いま蘭亭（蘭亭風景区）[アクセス情報]】

→つぎ大禹陵（大禹陵） 303路で魯迅路口、2路に乗り換えで大禹陵

→つぎ魯迅故里（魯迅路口） 303路

→つぎ紹興バスターミナル（客運中心）游3（終点）

→つぎ紹興駅（火車駅） 303路

→つぎ東湖（東湖風景区） 303路で火車駅で1路に乗り換え

天台山

【いま禹陵(大禹陵)[アクセス情報]】

→つぎ蘭亭(蘭亭風景区) 2路で魯迅路口、303路に乗り換えて蘭亭風景区

→つぎ魯迅故里(魯迅路口) 2路

→つぎ紹興バスターミナル(客運中心)136路

→つぎ紹興駅(火車駅) 2路

→つぎ東湖(東湖風景区) 2路で火車駅へ行き、1路に乗り換え

【いま紹興バスターミナル（客運中心）［アクセス情報］】

→つぎ蘭亭（蘭亭風景区）　游3

→つぎ魯迅故里（魯迅路口）　32路

→つぎ大禹陵（大禹陵）　136路

→つぎ紹興駅（火車駅）　水木清華から130路

→つぎ東湖（東湖風景区）　57路、137路、157路

天台山

【いま東湖（東湖風景区）[アクセス情報]】

→つぎ蘭亭（蘭亭風景区）　1路で火車駅、303路に乗り換え

→つぎ魯迅故里（魯迅路口）1路で火車駅、2路か4路に乗り換え

→つぎ紹興バスターミナル（客運中心）　57路、137路、157路

→つぎ紹興駅（火車駅）　1路

→つぎ大禹陵（大禹陵）　1路で火車駅、2路に乗り換え

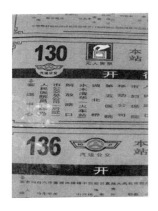

▲左　紹興のバス停にて、蘭亭、大禹陵、東湖にぜひ行こう。　▲右　街の中心に位置する魯迅故里、タクシーや人力車なども使える

[DATA] 路線バス１路 yāo lù ヤオルウ

・【紹興駅〜皋埠人民医】

・紹興駅（火车站）ー水木清華（水木清华）ー汽車站（汽车站）ー咸亨医院（咸亨医院）ー勝利路口（胜利路口）ー華聯商厦［城市広場］（华联商厦［城市广场］）ー供銷大厦（供销大厦）ー紹興劇院（绍兴剧院）ー亜都大酒店（亚都大酒店）ー児童公園（儿童公园）ー汽車東站（汽车东站）ー紹鋼（绍钢）ー散花亭（散花亭）ー市交巡警支隊（市交巡警支队）ー火車東站（火车东站）ー西金村（西金村）ー火車東站託運部（火车东站托运部）ー電機交易市場（电机交易市场）ー東湖風景区

(东湖风景区)ーーーーーー皋埠人民医院(皋埠人民医院)

[DATA] 路線バス2路 èr lù アアルウ

・【紹興駅~大禹陵】

・紹興駅(火车站)ー水木清華(水木清华)ー汽車站(汽车站)ー咸亨医院(咸亨医院)ー勝利路口(胜利路口)ー華聯商廈[城市広場](华联商厦[城市广场])ー供銷大廈(供销大厦)ー魯迅路口(鲁迅路口)ー塔山(塔山)ー越城区府[第二医院](越城区府[第二医院])ー金時代広場[南門](金时代广场[南门])ー城南開発委(城南开发委)ー潤和苑(润

和苑) ー魯迅中学［南大門］(鲁迅中学［南大门］) ー汽車南站 (汽车南站) ー浙江電信実業集団 (浙江电信实业集团) ー浙滌廠［南大門］(浙涤厂［南大门］) ー直路村 (直路村) ー越秀外国語学院［西大門］(越秀外国语学院［西大门］) ー禹陵路口 (禹陵路口) ー大禹陵 (大禹陵)

［DATA］路線バス3路 (游3路) sān lù サンルウ
・【客運中心〜花塢】
・客運中心 (客运中心) ー昌安渡頭 (昌安渡头) ー楽苑新村 (乐苑新村) ー 洞橋 (洞桥) ー白馬新村 (白马新村) ー宋梅橋 (宋

梅桥)—移動公司（移动公司）—市政府（市政府）—府山橋（府山桥）—元培中学（元培中学）—震元制藥有限公司（震元制药有限公司）—雲棲村（云栖村）—紹興一中（绍兴一中）—雲棲村［大竜橋］（云栖村［大龙桥］）—第七医院［老年活動中心］（第七医院［老年活动中心］）—鐘堰（钟堰）—越城福利針織廠（越城福利针织厂）—中発集団（中发集团）—王家莊（王家庄）—紹興藝術学校（绍兴艺术学校）—五洋橋（五洋桥）—金家店（金家店）—木柵橋（木栅桥）—聯合村（联合村）—蘭亭鎮政府（兰亭镇政府）—婁宮（娄宫）—県手套廠（县手套厂）—浙江遠景鋁業［任家畈］（浙江远景铝业［任

家贩])ー金宝利有限公司（金宝利有限公司）ー西大門装飾（西大门装饰）ー分水橋（分水桥）ー蘭亭風景区（兰亭风景区）ーーーーーー花塢（花坞）

[DATA] 路線バス 303 路 Sān líng sān lù サンリンサンルウ
・【正大装飾商城〜地拖・紫洪】
・蘭亭へは「地拖」行きの 303 路か、「雪渓」行きの 303 路に乗る（張家葑行きは途中までしかいかない）
・正大装飾商城［市交通工程公司］（正大装饰商城［市交通工程公司］）ー栄邦家居広場（荣邦家居广场）ー金利門紅木

広場（金利门红木广场）—梅山路口（梅山路口）—北復線解放路口（北复线解放路口）—水木清華（水木清华）—汽車站（汽车站）—咸亨醫院（咸亨医院）—勝利路口（胜利路口）—華聯商廈［城市廣場］（华联商厦［城市广场］）—供銷大廈（供销大厦）—魯迅路口（鲁迅路口）—塔山（塔山）—越城區府［第二醫院］（越城区府［第二医院］）—金時代廣場［南門］（金时代广场［南门］）—城南開發委（城南开发委）—秦望大酒店（秦望大酒店）—念畝頭（念亩头）—県交通局宿舍（县交通局宿舍）—外山村（外山村）—文理學院西大門（文理学院西大门）—偏門環島［河山橋］（偏门环岛［河山桥］）—浙江

郵電職業技術学院（浙江邮电职业技术学院）ー託普信息技術学院（托普信息技術学院）ー亭山（亭山）ー亭山下（亭山下）ー五洋橋（五洋桥）ー金家店（金家店）ー木柵橋（木栅桥）ー聯合村（联合村）ー蘭亭鎮政府（兰亭镇政府）ー蘭亭中学（兰亭中学）ー蘭亭鎮人民医院（兰亭镇人民医院）ー泥婆溇（泥婆溇）ー任家畈［立興家紡廠］（任家畈［立兴家纺厂］）ー鷹翔染整［冠葉針織］（鹰翔染整［冠叶针织］）ー麒竜起重机械（麒龙起重机械）ー洋洋制衣（洋洋制衣）ー永隆紡織（永隆纺织）ー分水橋（分水桥）ー蘭亭風景区（兰亭风景区）ーーーーーー地拖・紫洪（張家葑行きは蘭亭鎮政府からそれる）

[見せる中国語]

wǒ xiǎng qù kè yùn zhōng xīn

ウォシィアンチュウ・カアユゥンチョンシン

私は紹興バスターミナル（客運中心）に行きたい

我想去客运中心

CHINA
天台山

あとがき

　浙江省にある天台山と普陀山。中国を代表するふたつの仏教聖地は、ことのほか対照的でした。寧波駅を降りた瞬間から、客引きがつぎつぎに寄ってきては、普陀山行きのツアーの勧誘が続きます。実際に足を運んだ普陀山は、「海天仏国」の言葉通り、東海に浮かぶリゾート地と言えるほど、好環境な観光地となっていました。つぎつぎと来るバス。中国人の大旅行団。ケーブルカーにマリンスポーツ。

Tiantaishan　あとがき

　一方の天台山。山深いことから、天台山中への路線バスは1日数本。そして、山道は対面車がギリギリ通り過ぎれるほど細く、智者塔院観光では対面車が走れるよう路肩ギリギリに車を停め、高明寺では車数台が停まれる駐車場はいっぱいで寺院へ続く道沿いに路駐するという感じでした。そもそも、この高明寺へは自力では行けないのでは？？　というほどの環境だったのです。

　同じ仏教聖地で、同じ浙江省にあるが、あまり旅人に優しくない「山」の天台山と、超観光地化されている「海」の普陀山。かくも対照的な同性格の観光地が近くにあるのはめず

CHINA
天台山

らしいかもしれません。

　最初に記しましたが、私は天台宗の門徒（在家信者）であり、幼いころから天台宗に親しんできたため、天台山を訪れるのが楽しみでなりませんでした。そして、天台山には天台大師智顗の肉身仏（ミイラ）をまつる「智者塔院」、能楽の『石橋』にもなった「石梁飛瀑」、あの寒山拾得ゆかりの「国清寺」と見どころ満載です。そして、「天台山旅游风景区官网（Web）」の充実ぶりには舌を巻いてしまいました。西インドにあるエローラとアジャンタ。そんな関係に天台山と普陀山がなったなら・・・。今後、旅人にもやさしい聖地づくりを、天台宗

門徒のひとりとして期待したいと思います。

2015 年 3 月 11 日　たきざわ旅人

mail address match.pub@gmail.com

参考資料

『聖地天台山』(陳公余・野本覚成 / 佼成出版社)

『天台山記の研究』(薄井俊二 / 中国書店)

天台山旅游风景区官网（中国語） http://www.zjtts.com.cn/

天台公交（中国語） http://www.tiantai.ccoo.cn/bus/

浙江政务服务网（台州市临海市）(中国語) http://tazlh.zjzwfw.gov.cn/

绍兴交通（中国語） http://www.zjsxjt.gov.cn/portal/

紹興市観光局（日本語） http://vintageshaoxing.com/pages/ja/

まちごとパブリッシングの旅行ガイド
Machigoto INDIA , Machigoto ASIA , Machigoto CHINA

【北インド - まちごとインド】

001 はじめての北インド
002 はじめてのデリー
003 オールド・デリー
004 ニュー・デリー
005 南デリー
012 アーグラ
013 ファテープル・シークリー
014 バラナシ
015 サールナート
022 カージュラホ
032 アムリトサル

【西インド - まちごとインド】

001 はじめてのラジャスタン
002 ジャイプル
003 ジョードプル
004 ジャイサルメール
005 ウダイプル
006 アジメール(プシュカル)
007 ビカネール
008 シェカワティ
011 はじめてのマハラシュトラ
012 ムンバイ
013 プネー
014 アウランガバード
015 エローラ
016 アジャンタ
021 はじめてのグジャラート
022 アーメダバード
023 ヴァドダラー(チャンパネール)
024 ブジ(カッチ地方)

【東インド - まちごとインド】

002 コルカタ
012 ブッダガヤ

【南インド - まちごとインド】

001 はじめてのタミルナードゥ
002 チェンナイ
003 カーンチプラム
004 マハーバリプラム
005 タンジャヴール
006 クンバコナムとカーヴェリー・デルタ
007 ティルチラパッリ
008 マドゥライ
009 ラーメシュワラム
010 カニャークマリ
021 はじめてのケーララ
022 ティルヴァナンタプラム
023 バックウォーター(コッラム〜アラップーザ)
024 コーチ(コーチン)
025 トリシュール

【ネパール - まちごとアジア】

001 はじめてのカトマンズ
002 カトマンズ
003 スワヤンブナート

004 パタン
005 バクタプル
006 ポカラ
007 ルンビニ
008 チトワン国立公園

【バングラデシュ - まちごとアジア】

001 はじめてのバングラデシュ
002 ダッカ
003 バゲルハット（クルナ）
004 シュンドルボン
005 プティア
006 モハスタン（ボグラ）
007 パハルプール

【パキスタン - まちごとアジア】

002 フンザ
003 ギルギット（KKH）
004 ラホール
005 ハラッパ
006 ムルタン

【イラン - まちごとアジア】

001 はじめてのイラン
002 テヘラン
003 イスファハン
004 シーラーズ
005 ペルセポリス
006 パサルガダエ（ナグシェ・ロスタム）
007 ヤズド
008 チョガ・ザンビル（アフヴァーズ）
009 タブリーズ
010 アルダビール

【北京 - まちごとチャイナ】

001 はじめての北京
002 故宮（天安門広場）
003 胡同と旧皇城
004 天壇と旧崇文区
005 瑠璃廠と旧宣武区
006 王府井と市街東部
007 北京動物園と市街西部
008 頤和園と西山
009 盧溝橋と周口店
010 万里の長城と明十三陵

【天津 - まちごとチャイナ】

001 はじめての天津
002 天津市街
003 浜海新区と市街南部
004 薊県と清東陵

【上海 - まちごとチャイナ】

001 はじめての上海
002 浦東新区
003 外灘と南京東路
004 淮海路と市街西部
005 虹口と市街北部
006 上海郊外（龍華・七宝・松江・嘉定）
007 水郷地帯（朱家角・周荘・同里・甪直）

【河北省 - まちごとチャイナ】

001 はじめての河北省
002 石家荘
003 秦皇島
004 承徳
005 張家口
006 保定
007 邯鄲

【江蘇省 - まちごとチャイナ】

001 はじめての江蘇省
002 はじめての蘇州
003 蘇州旧城
004 蘇州郊外と開発区
005 無錫
006 揚州
007 鎮江
008 はじめての南京
009 南京旧城
010 南京紫金山と下関
011 雨花台と南京郊外・開発区
012 徐州

【浙江省 - まちごとチャイナ】

001 はじめての浙江省
002 はじめての杭州
003 西湖と山林杭州
004 杭州旧城と開発区
005 紹興
006 はじめての寧波
007 寧波旧城
008 寧波郊外と開発区
009 普陀山
010 天台山
011 温州

【福建省 - まちごとチャイナ】

001 はじめての福建省
002 はじめての福州
003 福州旧城
004 福州郊外と開発区
005 武夷山
006 泉州
007 厦門
008 客家土楼

【広東省 - まちごとチャイナ】

001 はじめての広東省
002 はじめての広州
003 広州古城
004 天河と広州郊外
005 深圳（深セン）
006 東莞
007 開平（江門）
008 韶関
009 はじめての潮汕
010 潮州
011 汕頭

【遼寧省 - まちごとチャイナ】

001 はじめての遼寧省
002 はじめての大連
003 大連市街
004 旅順
005 金州新区

006 はじめての瀋陽
007 瀋陽故宮と旧市街
008 瀋陽駅と市街地
009 北陵と瀋陽郊外
010 撫順

【重慶 - まちごとチャイナ】

001 はじめての重慶
002 重慶市街
003 三峡下り（重慶〜宜昌）
004 大足

【香港 - まちごとチャイナ】

001 はじめての香港
002 中環と香港島北岸
003 上環と香港島南岸
004 尖沙咀と九龍市街
005 九龍城と九龍郊外
006 新界
007 ランタオ島と島嶼部

【マカオ - まちごとチャイナ】

001 はじめてのマカオ
002 セナド広場とマカオ中心部
003 媽閣廟とマカオ半島南部
004 東望洋山とマカオ半島北部
005 新口岸とタイパ・コロアン

【Juo-Mujin（電子書籍のみ）】

Juo-Mujin 香港縦横無尽
Juo-Mujin 北京縦横無尽
Juo-Mujin 上海縦横無尽

【自力旅游中国 Tabisuru CHINA】

001 バスに揺られて「自力で長城」
002 バスに揺られて「自力で石家荘」
003 バスに揺られて「自力で承徳」
004 船に揺られて「自力で普陀山」
005 バスに揺られて「自力で天台山」
006 バスに揺られて「自力で秦皇島」
007 バスに揺られて「自力で張家口」
008 バスに揺られて「自力で邯鄲」
009 バスに揺られて「自力で保定」
010 バスに揺られて「自力で清東陵」
011 バスに揺られて「自力で潮州」
012 バスに揺られて「自力で汕頭」
013 バスに揺られて「自力で温州」

【車輪はつばさ】
南インドのアイラヴァテシュワラ寺院には建築本体に車輪がついていて寺院に乗った神さまが人びとの想いを運ぶと言います。

・本書はオンデマンド印刷で作成されています。
・本書の内容に関するご意見、お問い合わせは、発行元の
　まちごとパブリッシング info@machigotopub.com までお願いします。

Tabisuru CHINA 005
バスに揺られて「自力で天台山」
～自力旅游中国［モノクロノートブック版］

2017年11月14日　発行

著　者	「アジア城市（まち）案内」制作委員会
発行者	赤松　耕次
発行所	まちごとパブリッシング株式会社
	〒181-0013　東京都三鷹市下連雀4-4-36
	URL http://www.machigotopub.com/
発売元	株式会社デジタルパブリッシングサービス
	〒162-0812　東京都新宿区西五軒町11-13
	清水ビル3F
印刷・製本	株式会社デジタルパブリッシングサービス
	URL http://www.d-pub.co.jp/

MP175

ISBN978-4-86143-309-2 C0326　　　Printed in Japan
本書の無断複製複写（コピー）は、著作権法上での例外を除き、禁じられています。